BEI GRIN MACHT SICH IHR WISSEN BEZAHLT

- Wir veröffentlichen Ihre Hausarbeit,
  Bachelor- und Masterarbeit

- Ihr eigenes eBook und Buch -
  weltweit in allen wichtigen Shops

- Verdienen Sie an jedem Verkauf

Jetzt bei www.GRIN.com hochladen und kostenlos publizieren

Hans-Jürgen Borchardt

Wer weiß, was die Kunden wollen, gewinnt

Neue Umsätze durch Ausbau der Individualleistungen

GRIN Verlag

Bibliografische Information der Deutschen Nationalbibliothek:

Die Deutsche Bibliothek verzeichnet diese Publikation in der Deutschen National-
bibliografie; detaillierte bibliografische Daten sind im Internet über http://dnb.d-
nb.de/ abrufbar.

Impressum:

Copyright © 2012 GRIN Verlag GmbH
Druck und Bindung: Books on Demand GmbH, Norderstedt Germany
ISBN: 978-3-656-46838-7

Dieses Buch bei GRIN:

http://www.grin.com/de/e-book/193471/wer-weiss-was-die-kunden-wollen-gewinnt

GRIN - Your knowledge has value

Der GRIN Verlag publiziert seit 1998 wissenschaftliche Arbeiten von Studenten, Hochschullehrern und anderen Akademikern als eBook und gedrucktes Buch. Die Verlagswebsite www.grin.com ist die ideale Plattform zur Veröffentlichung von Hausarbeiten, Abschlussarbeiten, wissenschaftlichen Aufsätzen, Dissertationen und Fachbüchern.

Besuchen Sie uns im Internet:

http://www.grin.com/

http://www.facebook.com/grincom

http://www.twitter.com/grin_com

Wer weiß, was die Kunden wollen, gewinnt

Neuer Umsatz durch Ausbau der (Individual-)Leistungen
Eine alte Verkäuferregel besagt, dass nur der ein guter Verkäufer ist, der das gesamte Potential seiner Kunden ausschöpft. Das geschieht dann, wenn neben der vollständigen Darstellung des eigenen Angebots den Kunden zusätzliche und individualisierte Zusatzleistungen angeboten werden.

Für viele Unternehmer/Verkäufer ist die Verkaufstätigkeit abgeschlossen, wenn der Auftrag unterschrieben ist. Anschließend wird die Arbeit ausgeführt und der Auftrag abgeschlossen. Damit ist die Chance, Zusatzverkäufe zu generieren, weitgehend vertan. Besser ist es, bei jedem Auftrag zu überlegen, welche sachlichen und individuellen Ergänzungsleistungen vor, während oder nach der Auftragsverhandlung noch angeboten werden können. Voraussetzung für ein derartiges Vorgehen ist, möglichst genau und umfassend zu wissen, was der Kunde sich wünscht.

Wünsche identifizieren, analysieren, realisieren
In der Nähe von Frankfurt gründete vor längerer Zeit ein junger Ingenieur ein Entwicklungs- und Konstruktionsbüro. Bereits nach Abschluss des 1. Auftrages fragte er den Auftraggeber detailliert:

- Was ihm gefallen hat. (Beratung, Angebot, Abwicklung, Leistung, Schnelligkeit, Betreuung, Qualität der Arbeit, Verhalten der einzelnen Mitarbeiter, Übergabe, Nachbetreuung)
- Was ihm nicht gefallen hat.
- Was er beim nächsten Auftrag besser machen könne.
- Welche Sonderwünsche er beim nächsten Auftrag erfüllen könne?

Der Fragebogen war so aufgebaut, dass die einzelnen Beurteilungen im Schulnotensystem bewertet werden mussten. Sämtliche Leistungen, die nicht mit sehr gut oder gut bewertet wurden, wurden Schritt für Schritt mit der Frage rekonstruiert: „Was haben wir wo falsch gemacht und wie können wir diesen Fehler in der Zukunft generell vermeiden?" Die gefundenen Verbesserungs-möglichkeiten wurden dann sofort zu verbindlichen Arbeits- und Verhaltensvorgaben.

Mitarbeiter, die ebenfalls nicht mit sehr gut oder gut bewertet wurden, wurde der direkte Kontakt zum Kunden untersagt. Mit anderen Worten, es wurde alles Erdenkbare getan, um die individuellen Anforderungen bzw. Wünsche der Kunden bestmöglich zu erfüllen. Mit diesem Wissen besitzt er bei zukünftigen Anfragen gegenüber seinen Wettbewerbern fast schon eine Monopolstellung und muss nicht zwangsläufig der billigste Anbieter sein.

Wenn bei einem Erstkontakt nicht bekannt ist, was der Kunde im Idealfall erwartet, sollte möglichst viel erfragt werden, damit die vorhandenen Wünsche des Kunden erkannt und erfasst werden. Wird so vorgegangen, können während der Auftragsverhandlung die vorhandenen Alternativen bzw. Optimierungsmöglichkeiten und die damit verbundenen Vorteile vorgestellt und beworben werden.

Beispiel:
Ein Handwerksbetrieb der sich auf Energieberatung und Fassadenbau konzentriert, hat bei einer Angebotsanfrage viele Möglichkeiten Zusatzverkäufe in folgenden Bereichen zu realisieren:

1. Fachliche und qualitative Erweiterungen und Ergänzungen
2. Statusorientierte Erweiterungen
3. Ökologisch orientierte Lösungen
4. Betriebswirtschaftliche Aspekte (Folgekosten)
5. Komfortorientierte Angebote
6. Nebenarbeiten

Zu 1. Fachliche und qualitative Erweiterungen und Ergänzungen

Weil die Grundleistungen im Prinzip identisch sind (Leistungsumfang, Materialmenge, Arbeitsaufwand etc.), beginnt die Individualisierung bereits bei der Beratung. Wenn bspw. ein Gebäude ein WDVS erhalten soll, liegt es am Anbieter, ob dieser sich auf die vorgegebene Aufgabenstellung beschränkt oder dem Interessenten die gesamte Bandbreite der Möglichkeiten vorstellt. Wenn bereits am Anfang des Gespräches eine Übersicht über die unterschiedlichen Dämm- und Putzmaterialien geboten wird, erfolgt zwangsläufig eine Diskussion über die verschiedenen Vor- und Nachteile der einzelnen Materialien bzw. Kombinationen.

In dieser Phase kann der Verkäufer durch die Fragen, die gestellt werden, relativ einfach erkennen, welche Vorstellungen der Interessent hat. Aufbauend auf diesem Wissen kann er jetzt konkrete Empfehlungen zum Dämmmaterial, dem Außenputz und dem evtl. Deckanstrich aussprechen. Er weiß, dass synthetische, anorganische Dämmstoffe bevorzugt werden und dass die Optik eine entscheidende Rolle spielt. Entsprechend zielgerichtet kann er sein Verkaufsgespräch über die verschiedenen Außenputzarten, wie wasserabweisende, mineralische, Kunstharzputze etc. führen und mit weiteren Angeboten wie bspw. schalldämmend erweitern.

Zum Schluss muss der Interessent entscheiden, ob die Naturfarbe des Außenputzes beibehalten werden soll, oder zusätzlich ein Farbanstrich erfolgen soll. Wird zusätzlich ein Farbanstrich gewünscht, ergeben sich weitere Individualisierungen, ähnlich wie bei den Dämmmaterialien. Das beginnt bei den Eigenschaften und der Qualität der Farbe und endet bei der optischen Gestaltung.

Zu 2. Statusorientierte Erweiterungen

Die Zahl der Auftraggeber, die ihren Status über Material, erkennbare Sonderleistungen wie Strukturputz oder sichtbare Qualität demonstrieren (wollen) ist größer, als viele Unternehmer vermuten. Grundsätzlich sollten daher immer ein bis zwei Luxusvarianten im Angebot enthalten sein.

Zu 3. Ökologisch orientierte Lösungen

Wenn im Vorgespräch erkannt wurde, dass der Auftraggeber ökologisch ausgerichtet ist, besteht die Möglichkeit, die Vorteile der natürlichen Dämmstoffe wie Holzfaser, Kork, Schilf etc. gegenüber den synthetischen/ anorganischen bzw. synthetischen organischen oder rein synthetischen Dämmstoffen darzustellen.

Unternehmer/Verkäufer, die diese ökologische Ausrichtung nicht erkennen, haben den Auftrag verloren, wenn der Wettbewerber die Grundeinstellung des Bauherrn erkennt und seine Argumentation darauf ausrichtet.

Zu 4. Betriebswirtschaftliche Ausrichtung (Folgekosten)
Eine weitere Möglichkeit, sich vom Wettbewerb zu differenzieren und zusätzlichen Umsatz zu generieren, ist die Darstellung von Investitions- zu Folgekosten. Je besser bzw. effektiver die Wärmedämmung, desto geringer sind später die Folge- bzw. die Energiekosten. Hier können die verschiedenen Materialien mit den verschiedenen Dämmstärken verglichen werden, so dass der Bauherr für sich die optimale Lösung finden kann.

Zu 5. Ausführungsorientierte Abläufe
Es ist mehr und mehr bekannt, dass nicht das „was" sondern das „wie" für viele Auftraggeber immer wichtiger wird. Beispiel: Nur wenn der Anbieter weiß, dass der Bauherr befürchtet, dass seine Blumen und Pflanzen, die in der Nähe der Hauswände stehen, bei der Montage des WDVS beschädigt werden, kann er kostenpflichtige Zusatzleistungen zum Schutz der Pflanzen anbieten. Das beginnt bei der Abdeckung der Pflanzen und reicht bis zum Ausgraben und neu einpflanzen.

Aufbauend auf diesem Wissen erkennt der Anbieter, dass er für sich einen Vorteil gewinnt, wenn er dem Bauherrn größtmögliche Sorgfalt bei der Arbeit zu sichert.

Zu 6. Nebenarbeiten
Weil für die anfallenden Arbeiten immer ein Gerüst erforderlich ist, sollten sämtliche Arbeiten, die am Haus nur mit Gerüst ausgeführt werden können, grundsätzlich vorgestellt werden. Das umfasst Arbeiten wie

Dachreinigung und Imprägnierung,
Montage von Sonnenkollektoren und Photovoltaikelemente
Begrünung der Fassade (selbstkletternde oder gerüstkletternde Pflanzen)
Installation von Blitzschutzanlagen
Reinigung oder Austausch von Dachrinnen
Sanierung von Fensterbänken
Umsetzen von Antennen
Einbau neuer Fenster
Streichen, Reinigen und Pflege von Fensterrahmen und das
Putzen der Fenster.

Entscheidend ist, was der Kunde will
Es ist allgemein bekannt, dass kleine Betriebe einen entscheidenden Vorteil gegenüber den Großbetrieben besitzen, nämlich den unmittelbaren Kontakt zu ihren Kunden. Ihr Nachteil ist, dass sie oft nur vermuten, was ihre Kunden sich wünschen, es aber selten genau wissen.

Denken Sie darüber nach, wie Sie die Nähe zu Ihren Kunden zu Ihrem Vorteil nutzen können. Überlegen Sie, welche Fragen Sie stellen müssen, damit Sie Ihre

Angebote so individualisieren können, dass Sie nicht mehr direkt vergleichbar sind. Das ist der sicherste Weg, unverwechselbar für bessere Arbeiten und Leistungen zu werden.

Machen Sie Ihre Kunden zu Partnern. Entwickeln Sie auf Grund Ihres Wissens nicht nur eigene Zusatz- und Individualangebote sondern fragen Sie, wie diese sich Ihre Arbeit und Leistungen wünschen.

Diesem Trend können sich auf Dauer nur wenige Unternehmen, gleich welcher Art, entziehen. Automobil-, Lebensmittel-, Kosmetik- und unzählige Maschinen- und Gerätehersteller und sogar Versicherungsgesellschaften fragen ihre Kunden, wie sie sich die Produkte, die Leistungen oder die Kommunikation wünschen. Sie alle haben erkannt, dass der Köder dem Fisch und nicht dem Angler schmecken muss.

Lassen Sie sich auf gar keinen Fall einreden, dass es entscheidend ist, seine eigenen Ressourcen zu ermitteln und dann die dazugehörige Marktnische zu suchen. Eine derartige Vorgehensweise führt selten zum Erfolg. Fakt ist, dass die Kunden immer mehr in das Marketing und in die Entwicklung von (Dienst-) Leistungen und Produkten eingreifen.

Vielen Unternehmern fällt es schwer, daran zu denken, dass man auf Dauer nur Erfolg haben kann, wenn die Zufriedenheit des Kunden im Mittelpunkt steht. Die Zufriedenheit ist umso größer, je individueller, persönlicher die Wünsche der Kunden erfüllt werden. Wer sein Unternehmen nach der Vorgabe: „Was ist das Beste für meinen Betrieb und mich" ausrichtet, kann auf Dauer nicht überleben.

Was sonst noch zu beachten ist
Die Kunden wollen nicht nur reklamationsfreie Leistungen für möglichst wenig Geld, sondern sie wollen gleichzeitig auch einen perfekten Service. Die zwei Servicebereiche Pre-Sales-Service und After-Sales-Service sind nicht mehr ausreichend. Notwendig wird eine dritte Serviceleistung, der Accompany-Sales-Service. Der Accompany-Sales-Service ist der Service, bzw. die Betreuung, die der Kunde ab Auftragserteilung bis zum Abschluss des Auftrages erhält.

Das alles zeigt, dass die Entwicklung zur Individualisierung der Kundenangebote ein Prozess ist, den Sie problemlos selbst wertschöpfend gestalten können. Da der Aufwand der Kundenbefragung gering ist, ist es sinnvoll vor der Erstellung des Angebotes so viel wie möglich zu erfragen.

Fazit:
Marketing sollten Sie mit Ihren Kunden machen, denn die wissen am besten, was sie sich von Ihnen wünschen.

Hans-Jürgen Borchardt